Rudolf Baier

MEDJUGORJE

Wo der Himmel die Erde berührt

Ein spiritueller Rundgang durch
den internationalen Wallfahrtsort
in der Herzegowina

Kunstverlag Josef Fink

Inhalt

Mit der vorliegenden Publikation soll einer endgültigen Entscheidung der Kirche nicht vorgegriffen werden.

Zum Geleit

Bis zum Jahr 1981 war die Ortschaft Medjugorje ein kleiner, unscheinbarer Ort in Bosnien-Herzegowina. Dann hat der „Himmel die Erde berührt" und seitdem kommen jährlich zwei Millionen Pilger aus der ganzen Welt in diesen katholischen Wallfahrtsort. Medjugorje ist ein Ort der Hoffnung für die gesamte Menschheit. Viele Pilger berichten, dass sie hier Kraft, Freude und neue Zuversicht gefunden haben und ihren weiteren Lebensweg an der Hand der Muttergottes gehen. Viele Früchte und Bekehrungen gehen auf die Wirkungskraft dieses Ortes zurück.

Wir begleiten, über den Verein Medjugorje Deutschland e.V., seit vielen Jahren Pilger aus dem deutschsprachigen Raum auf ihrer Pilgerreise an diesen Ort.

Mögen Sie alle eine gnadenreiche Zeit in Medjugorje erleben und Ihren Nutzen aus diesem kleinen Büchlein ziehen.

Von Herzen danke ich Rudolf Baier und dem Kunstverlag Josef Fink für dieses wichtige Werk. Auf so ein Buch haben wir gewartet!

Ihr Hubert Liebherr
Vorsitzender des Vereins Medjugorje Deutschland e. V.
Präsident des deutschsprachigen Informationszentrums für Medjugorje

Lieber Pilger, als Bischof der Diözese Banja Luka freue ich mich, dass der marianische Wallfahrtsort Medjugorje / Diözese Mostar in unserem leidgeprüften Heimatland so große Früchte des katholischen Glaubens trägt und auch weltweit ausstrahlt. Das tägliche Gebet, die Feier der heiligen Eucharistie und die regelmäßige Beichte helfen vielen Pilgern, den seelischen Frieden wieder zu erlangen und mit Freude und Gottvertrauen unseren irdischen Pilgerweg weiterzugehen. Eine Trösterin, Ratgeberin und Fürsprecherin ist uns auf diesem Weg die Heilige Jungfrau und Gottesmutter Maria. Ähnlich möge es auch Ihnen ergehen.

Im Büchlein von Rudolf Baier, dem ich über den Freundeskreis „Europazentrum für Frieden und Zusammenarbeit in der ehemaligen Trappisten-Abtei Mariastern" verbunden bin, hat auch die Geschichte meines Heimatlandes ausreichend Platz bekommen. Das freut mich sehr, denn so kann man besser verstehen, warum dieser Ort so viele Gnaden gibt.

Mögen Sie einen gesegneten Aufenthalt in der Herzegowina haben. Gerne begrüßen wie Sie bei uns in Bosnien: Sei es in der Hauptstadt Sarajevo, dem Sitz der Erzdiözese Vrhbosna-Sarajevo, sei es bei uns in Banja Luka, an dem Ort, wo 1869 die Trappisten-Mönche aus dem deutschsprachigen Raum im Kloster Mariastern (später die größte Trappisten-Abtei), ein einmaliges und großartiges Werk des gelebten christlichen Glaubens, der Barmherzigkeit und tatkräftigen Nächstenliebe, bewirkt haben.
Unsere und die Aufgabe der zukünftigen Generation ist es, die Spuren dieses Erbes wieder in Früchte des Friedens zu verwandeln.

Gottes Segen möge Sie begleiten.

Ihr Bruder im Glauben
Bischof Dr. Franjo Komarica

Impressum

3., aktualisierte Auflage 2025
ISBN 978-3-95976-374-5

Kunstverlag Josef Fink
Hauptstraße 102 b,
D-88161 Lindenberg i. Allgäu

Telefon: +49 (0) 83 81 8 37 21
Telefax: +49 (0) 83 81 8 37 49

E-Mail: info@kunstverlag-fink.de
Internet: www.kunstverlag-fink.de

Korrektorat: Carolin Völk, Windach

Layout: Rudolf Baier, Friedberg
Layoutbearbeitung: Peter Langhammer, Kempten

Gedruckt in der EU

1981 – Ein Jahr, das alles veränderte

Mittwoch, 24. Juni (Hochfest der Geburt Johannes des Täufers): Sechs Jugendliche aus der Ortschaft Bijakovići, Pfarrei Medjugorje, sehen auf halber Höhe des Berges Crnica eine von Licht umstrahlte Gestalt einer jungen Frau mit einem Kind auf dem Arm. Sie laufen erschrocken davon.

Donnerstag, 25. Juni: Mehrere Jugendliche begeben sich, einem inneren Antrieb folgend, gegen 18 Uhr an den Ort der Erscheinung. Es sind Vicka Ivanković (geb. 1964), Mirjana Dragičević (geb. 1965), Ivanka Ivanković (geb. 1966) und Ivan Dragičević (geb. 1965). Mit ihnen kommen noch Marija Pavlović (geb. 1965) und Jakov Colo (geb. 1971). Diese sechs jungen Menschen bilden von da an die Sehergruppe, der ihren Angaben zufolge nahezu täglich die Gottesmutter erscheint. Sie spricht zu ihnen und erteilt ihnen Missionen. An diesem Tag hat sie kein Kind auf dem Arm. Sie betet mit den Sehern und verspricht auf deren Bitte, dass Gott ein Zeichen als Bestätigung ihrer Anwesenheit geben wird.

Freitag, 26. Juni: Über tausend Menschen begleiten die Seher auf den Crnica. Die Gottesmutter nennt ihren Namen: „Ich bin die selige Jungfrau Maria." Sie erscheint ein zweites Mal Marija auf dem Heimweg, vor einem dunklen Kreuz, und sagt weinend:

Nicht nur Pilger, sondern auch viele Einheimische sind beim Friedensmarsch dabei.

Medjugorje heute – ein pulsierender Wallfahrtsort.

„Friede, Friede, Friede und nur Friede. Friede soll herrschen zwischen den Menschen und Gott und unter den Menschen."

Samstag, 27. Juni: Polizeiliches Verhör und medizinische Untersuchung der Seher in Čitluk.
Sie erweisen sich als vollständig gesund.

Sonntag, 28. Juni: Nach der Sonntagsmesse unterzieht Pfarrer Jozo Zovko die Seher einer Befragung. Bei der abendlichen Erscheinung sind 15.000 Personen zugegen.

Montag, 29. Juni: Eine von staatlichen Stellen angeordnete psychiatrische Untersuchung in Mostar erweist die geistige Gesundheit der Seher. In der folgenden Zeit haben die Seher wiederholt Schwierigkeiten, den Erscheinungsberg aufzusuchen. Die Gottesmutter erscheint ihnen aber auch an verschiedenen anderen Orten, bis ihnen ermöglicht wird, sich zum Zeitpunkt der Erscheinung in einer abgeschlossenen Kapelle rechts am Altarraum der Pfarrkirche zu versammeln. In den Botschaften, die sie von der Gottesmutter erhalten, geht es hauptsächlich darum, sich zu bekehren, zu beten, zu fasten und Frieden zu schließen. Dazu ruft auch das Evangelium auf. Näher betrachtet, erweist sich die Botschaft von Medjugorje als ein drängender Appell an unsere Zeit, das Evangelium zu leben. Dabei steht die Einladung zum Gebet an erster Stelle. Es gilt, „mit dem Herzen zu beten". Jeden Tag müsse es eine Zeit geben, in der nichts wichtiger sei als das Gebet. Neben dem persönlichen Gebet wird auch das Gebet in Gemeinschaft hervorgehoben, vor allem in der Familie. Im Laufe der Zeit bittet die Gottesmutter, täglich den Rosenkranz zu beten, jeden Tag in der Heiligen Schrift zu lesen, zweimal in der Woche, am Mittwoch und am Freitag, bei Brot und Wasser zu fasten und einmal im Monat zu beichten.

16. August: Bischof Žanić verteidigt in der offiziellen Zeitung der jugoslawischen Kirche „Glas Koncila" (Stimme des Konzils) die Glaubwürdigkeit der Seher.

17. August: Verhaftung des Pfarrers von Medjugorje Jozo Zovko und Beschlagnahmung der Kirchenbücher, des Opfergeldes, der Aufzeichnungen über die Erscheinungen. Pater Zovko wird zu dreieinhalb Jahren Haft verurteilt, nach vielen Protesten aus aller Welt jedoch nach eineinhalb Jahren mit der Auflage aus dem Gefängnis entlassen, nicht mehr nach Medjugorje zurückzukehren. Er kommt zunächst als Kaplan nach Bukovica, schließlich wird er in die Pfarre Tihaljina unweit von Medjugorje versetzt.

Sonnenuntergang in Medjugorje – immer etwas Besonderes.

Die Herzegowina und ihre Menschen

Stari Most – die Brücke von Mostar.

Bosnien-Herzegowina liegt im Südosten Europas. Die Fläche umfasst ca. 51.000 Quadratkilometer. Mit knapp über 3 Mio. Einwohnern ist Bosnien ein relativ dünn besiedeltes Land. Mit dem Abkommen von Dayton im November 1995 wurde das Land neu aufgeteilt. Den bosnischen Moslems und Kroaten wurden 51 Prozent des Landes zugesprochen. Die bosnischen Serben erhielten 49 Prozent der Fläche von Bosnien-Herzegowina. Hauptstadt von Bosnien-Herzegowina ist Sarajevo. Die Hauptstadt der Teilrepublik Herzegowina ist Mostar, die der Teilrepublik Srpska ist Banja Luka.

Medjugorje ist ein bis zum Jahre 1981 auch im eigenen Land unbekanntes Dorf in der Gemeinde Čitluk, die zur westlichen Herzegowina gehört. Heute ist es ein weltbekannter Wallfahrtsort, den jährlich über 2 Mio. Pilger aus der ganzen Welt besuchen.

Das Brauchtum spielt immer noch eine große Rolle.

Historischer Rückblick

Die vorkroatische Zeit

Auf Grund der Funde aus dem Gebiet von Brotnjo und der Pfarrei Medjugorje können wir die Möglichkeit nicht ausschließen, dass es hier bereits in der älteren Steinzeit eine menschliche Besiedlung gegeben hat. Von der späten Steinzeit ist Material auf uns gekommen, das dies beweist, und zwar einer vor-illyrischen Kultur und Zivilisation. In der älteren Bronzezeit existierten nachweislich illyrische Stämme. Gefundene Kupfergegenstände aus dieser Zeit deuten auf ein intensives Leben hin. Mit Stein gemauerte Siedlungen an höher gelegenen Orten, mit den sogenannten „gradine" (Grabruinen) rund oder quadratisch geformt, datieren aus dieser Epoche. Manchmal waren sie von einer Doppelmauer umgeben. Auf dem Gebiet der Pfarrgemeinde von Medjugorje existieren noch solche mit einer doppelten Mauer versehenen „gradine" in Šurmanci und oberhalb von Medjugorje selbst in Žuželj.

Im zweiten Jahrhundert vor Christus verbündete sich die Daors mit den Römern und führte gegen die illyrischen Stämme von Dalmatien Krieg. Bis dahin gehörte Brotnjo zur illyrischen Provinz von Dalmatien, die ihren Verwaltungssitz zuerst in Solin bei Split hatte und später – seit dem 3. Jahrhundert – im Bezirk von Narona. Die Inschriften auf den Grabsteinen bezeugen, dass die römischen Legionen und Kohorten in diesem Gebiet stationiert waren und römische Veteranen sich hier niederließen. Reste einer Straße, die in dieser römischen Zeit (im 3. Jahrhundert) gebaut wurde, sind heute noch sichtbar. Außerdem wurden hier viele Objekte des täglichen Lebens aus der römischen Zeit gefunden. Die wichtigsten Funde im Gebiet von Medjugorje befinden sich auf dem katholischen Friedhof in Miletina.

Die Anfänge der kroatischen Geschichte

Seit Ende des 6. Jahrhunderts wird dieses Gebiet von Kroaten besiedelt. Brotnjo gehörte immer zu dem Land von Hum, das 1322 unter die bosnische Verwaltung kam. Ab 1357 stand das Land unter der Herrschaft des ungarisch-kroatischen Königs Ljudevit des Ersten.
Aus dem Mittelalter sind die bekanntesten Denkmäler dieser Zivilisation die „Stećak", wahre einheimische Grabdenkmäler dieses Gebietes. Die „Stećak" der Herzegowina übertreffen in vielerlei Hinsicht jene, die im restlichen heutigen Bosnien-Herzegowina und Kroatien zu sehen sind, durch die Anzahl und Größe der Grabstätten, in ihrer Schönheit und Ornamentik, sowie in ihrem Wert und ihrer künstlerischen Gestaltung. Ein Mann in der Form eines Kreuzes mit zum Gebet erhobenen Armen ist in einige eingemeißelt. In Brotnjo gibt es viele Grabstätten und „Stećak", so wie auf dem Gebiet der Pfarrei Medjugorje. Dieses Gebiet benutzte bis ins 12. Jahrhundert das kirchenslawische Alphabet, das „glagolitisch" genannt wird. Das wird bezeugt durch die berühmte Gedenktafel von Humac. In der zweiten Hälfte des 12. Jahrhunderts herrscht das kyrillische Alphabet vor, das auch das bosnische („bosančica") genannt wird. Im Gebiet von Brotnjo gibt es keinen einzigen Fund einer lateinischen Inschrift, sondern nur kroatische, im „bosančica" Alphabet geschriebene.

Die Epoche der türkischen Herrschaft

Das Christentum gelangte schon in der römischen Zeit in das Gebiet von Medjugorje. Aufgrund der vielen Kirchenruinen muss es weit verbreitet gewesen sein. Jedoch wurde die katholische Kirche im Mittelalter unter der kroatisch-bosnischen Verwaltung nie richtig etabliert, verursacht durch die Verbreitung der „bosnischen Kirche" (Bogomilen). Im 13. Jahrhundert wurde die Herzegowina vom Franziskanerorden missioniert.

Der bekannteste Bugomilen-Friedhof befindet sich in der Nähe von Mostar. In Bosnien findet man noch über 60.000 solcher Grabdenkmäler.

Die Festung Počitelj erinnert noch an die türkische Besetzung.

Jener konnte die Bogomilen erfolgreich zum katholischen Glauben zurückführen.

Bosnien und Herzegowina fielen im Jahre 1463 unter die türkische Herrschaft. Die Türken wollten auch ganz Kroatien erobern und von hier aus Wien, Rom und den weiteren Westen. Aber sie wurden auf diesem Weg durch die Kroaten aufgehalten. Aus diesem Grund erklärte der damalige Papst sie als das „Bollwerk des Christentums". Aber Kroatien hatte dafür einen hohen Preis zu zahlen. Viele Kroaten mussten dafür ihr Leben opfern und es gab einen ständigen Krieg, wobei sie das Herzstück ihres Landes, Bosnien-Herzegowina, verloren haben.

Das Leben eines Katholiken unter türkischer Herrschaft war ständig einer Islamisierung, Unterdrückung und Verfolgung ausgesetzt.
Unter der türkischen Feudalherrschaft konnte kein Kroate Grund und Boden besitzen. Jeder Katholik war ein Feind des Staates, weil sein Oberhaupt sich in einem feindlichen Land, in Rom, befand. Die einheimische Bevölkerung lebte von Haustieren, arbeitete auf den türkischen Besitzungen und musste hohe Steuern in Form von Naturalien an die türkischen oder einheimischen Landesherren, die zum Islam übergetreten waren, zahlen.

Die Türken bemächtigten sich sogar mit Gewalt der Kinder des Landes, führten sie dem islamischen Glauben zu und bildeten sie zu Wachposten und speziellen Militäreinheiten aus, mit dem Ziel, die verbleibenden Christen zu besiegen, um so ganz Kroatien zu erobern. Aus diesem Anlass wurden viele Kroaten zur Flucht nach Westen gezwungen. So kam es zur muslimischen Vorherrschaft auf dem Gebiet von Bosnien-Herzegowina.

Bis zum Zeitpunkt der türkischen Eroberung war Bosnien-Herzegowina ausschließlich von Kroaten besiedelt.

Die Stiftskirche der Franziskaner in Mostar während des Jugoslawienkrieges.

Heute erstrahlen Kloster und Stiftskirche wieder in neuem Glanz.

Die Rolle der Franziskaner

Seit ihrer Ankunft war die Arbeit der Franziskaner in diesen Gebieten lebenswichtig für die Kultur, den Glauben und das Überleben der kroatischen Bevölkerung.

Die Franziskaner kamen im ersten Jahrzehnt des 13. Jahrhunderts in das kroatische Gebiet. Während der ganzen osmanischen (türkischen) Besatzungszeit, von 1463 bis 1878, waren die Franziskaner die Einzigen, die sich des Seelenheils und des christlichen Glaubens der kroatischen Bevölkerung von Bosnien-Herzegowina annahmen. Nachdem die Türken in der ersten Hälfte des 16. Jahrhunderts alle franziskanischen Klöster und Kirchen in der Herzegowina zerstörten, wurde die geistliche Leitung der kroatischen Katholiken in der Herzegowina von den Priestern Dalmatiens, das ist Kroatien, übernommen. Während der türkischen Herrschaft wurden die Franziskaner zerstreut, gefoltert und getötet und viele lebend in den Fluss Neretva geworfen. Alles, was übrig blieb, waren die Ruinen der franziskanischen Klöster.

Auf dem Gebiet von Bosnien-Herzegowina wurde zuerst die bosnisch-franziskanische Provinz errichtet. Im Jahr 1852 erfolgte die Gründung einer Kustodie für die Herzegowina, aus der 1892 die herzegowinische Provinz der Franziskaner hervorging, deren Mitglieder noch heute in der Pfarrei Medjugorje tätig sind.

So haben die Franziskaner in diesem Gebiet unauslöschliche Spuren hinterlassen. Viele haben die kroatische Kirche mit ihrer persönlichen Heiligkeit und Tapferkeit und ihrem Zeugnis für das Evangelium bereichert. Sie haben das Volk kulturell und intellektuell gefördert, sie unterrichteten sie im Lesen und Schreiben, förderten Kunst und Wissenschaft.

Die Pfarrkirche zum heiligen Jakobus in Medjugorje.

In großen Kriegen des 17. Jahrhunderts wurden die meisten Pfarreien zerstört, auch „Gradnići", aus der sich dann Medjugorje im Jahr 1892 abzweigte und durch die Franziskaner neu als Pfarrei des heiligen Jakobus errichtet wurde.

Die österreich-ungarische Herrschaft in Bosnien-Herzegowina und die Entstehung des frühen Jugoslawiens

Nach der Befreiung von der Türkenherrschaft im Jahr 1878 übernahm Österreich-Ungarn die Macht in diesem Gebiet. Aus politischen Gründen wollte das Kaiserreich die neu befreiten Gebiete nicht in den kroatischen Staat eingliedern, zu dem es aus der Geschichte heraus gehörte. Und so wurde das kroatische Volk von Bosnien-Herzegowina ein zweites Mal in der Geschichte von seinem Mutterland getrennt. Im Jahr 1914 begann der Erste Weltkrieg. Der Anlass hierfür war das Attentat auf den Thronfolger Franz-Ferdinand in Sarajevo, das der Serbe Gavrilo Princip ausführte. Am Ende des Ersten Weltkrieges wurde der jugoslawische Staat durch dunkle Machenschaften als Königreich von Serbien, Kroatien und Slowenien ins Leben gerufen. Diese Machenschaften wurden durch die damaligen Großmächte gesteuert. In diesem Staat mussten die Kroaten unter großen Schwierigkeiten leben, wobei Stjepan Radić, ein Politiker, der für die Interessen des kroatischen Volkes kämpfte, anlässlich einer Versammlung in Belgrad im Jahre 1928 im Parlament brutal getötet wurde. 1929 wurde das Königreich Jugoslawien, das am Beginn des Zweiten Weltkrieges zerfiel, errichtet.

Das Leben im Zweiten Jugoslawien

Während des Zweiten Weltkrieges verloren viele Kroaten ihr Leben. Am Ende des Krieges, nach dem offiziellen Waffenstillstand, wurden fast 300.000 Zivilisten und Soldaten in Bleiburg getötet, ein Ereignis, das oft als der „Kreuzweg" des kroatischen Volkes bezeichnet wird.

Die Gospa, der heilige Papst Johannes Paul II.,
die Kirche, das Kreuz auf dem Križevac und die Seher.

Nach der Kapitulation wurden von den Alliierten Verträge abgeschlossen, um Kroaten und anderen Volksgruppen, die dem kommunistischen Regime entgehen wollten, Schutz zu bieten. Leider haben sich die Partisanen nicht daran gehalten. Das Leben unter der kommunistischen Herrschaft in der Pfarrgemeinde Medjugorje war hart. Die Leute wurden geschlagen und für Jahre ins Gefängnis geworfen, nur weil sie Katholiken und Kroaten waren. In den Schulen, ähnlich wie in Kroatien, versuchte man, die Kinder von der kroatischen Identität zu entfremden und vom Atheismus zu überzeugen. Dank des starken Glaubens dieser Menschen hatten die Kommunisten dabei aber keinen Erfolg. Die Gegend wurde gleichzeitig ökonomisch systematisch vernachlässigt. Die Regierung verfolgte im Hintergrund das Ziel, möglichst viele Menschen zu veranlassen, ihr Land zu verlassen. Die Pilger, die zu Beginn der Erscheinungen der Gottesmutter nach Medjugorje kamen, haben das alles noch erlebt. Sie fanden hier eine sehr arme Region und sehr unhöfliche Polizisten. Die Parteiverwaltung erlaubte nicht die geringste Hilfe bei der Unterbringung der Pilger. Stattdessen kamen viele zusammen mit den Einheimischen ins Gefängnis, nur weil sie sagten, dass die Gottesmutter hier erscheine. Die örtliche Bevölkerung war aber sehr gastfreundlich.

Die Befreiung

Als 1990 die kommunistische Diktatur zusammenbrach, entschieden sich die Kroaten durch Volksentscheid für ihre Unabhängigkeit und sagten sich von dem künstlich gebildeten Jugoslawien los. Diese Entscheidung ließ sich natürlich nicht mit der Idee eines „Groß-Serbiens" vereinbaren, und so griff die jugoslawische Armee, die hauptsächlich aus Serben bestand, am 25. Juni 1991 Kroatien an, genau am 10. Jahrestag der Erscheinungen der Gottesmutter in Medjugorje. Danach attackierte das Militär Kroatien und anschließend Bosnien-Herzegowina, um die Unabhängigkeitserklärungen wieder rückgängig zu machen.

Blick auf den Kreuzberg und auf Medjugorje.

Der Podbrdo-Erscheinungsberg. Für jeden Pilger ein Muss.

Einige hunderttausend Menschen verloren in diesem blutigen Krieg ihr Leben, den die Welt hätte stoppen können, aber es geschah aufgrund der Eigeninteressen der Großmächte nicht. Die Europäische Gemeinschaft verurteilte nur die Kriegsparteien und hoffte, indem sie sich aus dem Krieg heraushielt, Jugoslawien als Staat zu erhalten.

Da Europa und die Weltmächte nur ihre eigenen Interessen in diesen Gebieten suchten und fanden, versuchten sie, die wahren Gründe dieses Krieges zu verschleiern und ihn als Bürgerkrieg hinzustellen, den alle Volksgruppen in gleicher Weise hervorgerufen hatten. Aber die Wahrheit war ganz anders und sehr einfach: Die Serben wollten ein groß-serbisches Reich errichten und griffen die anderen Volksgruppen an, die bis dahin mit ihnen im selben Staat zusammen gelebt hatten. Der Krieg zwischen den Kroaten und den Moslems in Bosnien-Herzegowina begann 1993 wegen einer Reihe von Missverständnissen und des Wunsches ausländischer Geheimdienste, Verbindungslinien zu schaffen und den Serben zu helfen, so viel Territorium wie möglich in Bosnien-Herzegowina zu besetzen und sich dort niederzulassen. Die Kroaten dagegen hatten nur den Wunsch, sich selbst regieren zu dürfen, eigene Schulen zu haben, ihre Sprache „kroatisch" nennen zu dürfen, aber weiterhin in Bosnien-Herzegowina zu bleiben.

Mostar – die Hauptstadt der Herzegowina.

Die Spuren des Krieges.

Die Botschaften der Muttergottes in Medjugorje

Die Gospa (Bezeichnung für Muttergottes auf Kroatisch) haben die Kinder während aller Erscheinungen übereinstimmend als wunderschönes junges Mädchen von etwa achtzehn bis zwanzig Jahren wahrgenommen. Sie trägt ein schlichtes graues Gewand, ohne Gürtel, das frei bis zu den Füßen fällt. Ein weißer Schleier umrahmt ihr Gesicht. Sie ist schlank und hat tiefblaue Augen und schwarze gewellte Haare. Außer der Gospa haben die Seher manchmal auch Jesus, das Kreuz als Zeichen der Erlösung, das Herz als Zeichen der Liebe Gottes zu uns und die Sonne als Zeichen des Lichtes unseres Glaubens gesehen. Einige der Seher durften einen Blick in die Hölle, das Fegefeuer und das Paradies werfen.

Auf die Fragen der Seher, warum sie so lange erscheint, hat die Gospa nie eine Antwort gegeben.

Die Seherin Vicka hat später einmal die große Anzahl der Erscheinungen treffend interpretiert: „Wäre die Gospa nur zehn- oder zwanzigmal erschienen und dann verschwunden, das hätte man längst vergessen. Wer würde glauben, dass sie überhaupt da war?"

Das lange, bis heute anhaltende Erscheinen zeigt vielmehr die große Not, in der sich die Menschheit befindet. Die Botschaften richten sich an die Seher, die Pfarrei Medjugorje, an die Pilger, aber letztlich an die ganze Menschheit. Unter den Botschaften befinden sich auch zehn Geheimnisse, die zunächst nur den Sehern mitgeteilt wurden. Diese Geheimnisse werden später, sobald Gott dies wünscht, von den Sehern durch einen Priester an die Welt weitergegeben. Unter diesen Geheimnissen befinden sich solche persönlicher Art, die sich teilweise auf die Seher beziehen.

Andere Geheimnisse erhalten unheilvolle Prophezeiungen für die Zukunft, die sich jedoch nicht zwangsläufig erfüllen müssen. Ihre zehn Geheimnisse haben bis jetzt lediglich die Seherin Mirjana, Ivanka und der Seher Jacov erhalten.

Nach Beschreibung der Seherkinder wurde dieses erste Bild der Muttergottes angefertigt. Es befindet sich jetzt im Informationszentrum MIR in Medjugorje.

Eines der zehn Geheimnisse betrifft das sichtbare Zeichen, das wie die Gospa sagt, Gott hinterlassen wird. Es wird auf dem Podbrdo, dem Erscheinungsberg, sichtbar sein, und es werden mit ihm viele Wunder geschehen. Die Seherin Vicka sagte hierzu: „Wer ohne das Zeichen nicht glaubt, wird auch dann nicht glauben, wenn er es sieht. Und ich sage noch dies: Wehe demjenigen, der mit seiner Bekehrung bis zum Erscheinen des Zeichens wartet ... Viele werden kommen, sich vielleicht vor dem Zeichen verbeugen und trotzdem nicht glauben."

In Medjugorje gibt die Gospa den Menschen Anleitungen und Ermahnungen für den persönlichen Weg zur Heiligkeit. Sie schenkt Hoffnung und lädt dazu ein, sich mit ihrer Hilfe auf den Weg zu machen. Sie möchte uns zum Frieden und Glauben, zur Umkehr, zum Beten und Fasten, zur Liebe und Freude führen. Sie hilft den suchenden und fragenden Menschen.

Pater Ljudevit Rupić bezeichnete den Frieden als die wichtigste aller Botschaften der Gospa in Medjugorje. Den Frieden zwischen Gott und den Menschen, den Frieden der Menschen untereinander und mit der Schöpfung. Dies bedeutet nicht nur das Ausbleiben von Krieg, sondern die Ansprüche der Muttergottes sind viel größer:

Der Friede, den die Gospa meint, ist die Ablehnung von Zwist, Entrechtung, Hunger, Elend und Unterdrückung. Der stille Krieg gegen die Ungeborenen gehört sicherlich mit dazu.

Wenn der Mensch glaubt, ohne Gott leben zu können, dann wird er immer wieder von unvorhergesehenen Entwicklungen und Ereignissen überrascht, die er nicht alleine bewältigen kann. Die Gospa hat uns hierzu eine treffende Botschaft übergeben:

„Liebe Kinder, habt keine Angst vor eurem Leben. Gott führt euch zum Heil und nicht ins Verderben. Er will euch glücklich machen und nicht unglücklich. Verliert nicht die Hoffnung! Gebt euch durch Jesus vollkommen dem Vater hin."

Stationen in Medjugorje

Station 1 – Der Kreuzberg und die Kreuzwegstationen

Am 15. März 1934 haben die Pfarrangehörigen von Medjugorje auf dem Berg Križevac ein 8,50 Meter hohes Betonkreuz zum Gedenken an den Kreuzestod von Jesus Christus vor 1900 Jahren errichtet. Die Initiative dazu kam von dem Gemeindepfarrer Bernardin Smoljan. Er wollte damit seine Pfarrei Christus, dem Erlöser der Welt, weihen und sie so vor allem Bösen schützen, auch vor Regen und Hagel, der oft die Tabak- und Weinernte zerstörte.
Die ganze Gemeinde half mit und schleppte – viele barfuß – Zementsäcke, Holzbalken und anderes auf den 537 Meter hohen Berg.

Und seitdem steht dieses Kreuz und zieht jedes Jahr hunderttausende Pilger auf den steinigen Pfaden nach oben.
Das Besondere an diesem Kreuz ist seine Lage. Es steht in einem Dreieck zur Pfarrkirche des heiligen Jakobus und zum Erscheinungsberg Podbrdo.
Der einzige Tag im Jahr, an dem auf dem Križevac die heilige Messe gefeiert wird, ist das Kreuzerhöhungsfest im September. An diesem Tag drängen sich tausende Menschen unter dem Kreuz. Ein beeindruckender Tag, an dem hier fast alle Familien aus Medjugorje und viele Pilger versammelt sind.
In der christlichen Welt gibt es viele Kreuze, die auf Bergen stehen, die oft schöner sind als das Kreuz auf dem Berg in Medjugorje. Was jedoch die Verehrung anbelangt, kann sich kein Kreuz mit ihm messen.

Der Weg zum Kreuz ist steinig, steil und zuweilen auch schwierig. Und doch gehen fast ausnahmslos alle Pilger, die nach Medjugorje kommen, zum Kreuz.

Der Kreuzberg und die Kreuzwegstationen.

Die Kreuzwegstationen, die in den Anfangsjahren aus einfachen Holzkreuzen bestanden, wurden 1988 um Bronzereliefs ergänzt. Diese wurden von dem italienischen Bildhauer Carmelo Puzzolo gestaltet. Eine Besonderheit dieser Kreuzwegstationen ist, dass auf jedem Relief die Muttergottes abgebildet ist. Jedes Relief wiegt über 150 Kilogramm und wurde von einheimischen Jugendlichen zum Bestimmungsort hochgetragen.

Station 2 – Die Kirche zum heiligen Jakobus

Nur fünf Jahre nach Gründung der Pfarrei von Medjugorje wurde 1897 die Pfarrkirche fertiggestellt. Sie wurde dem Schutzpatron der Pilger, dem heiligen Jakobus, geweiht. Für die damalige Zeit war sie ausreichend groß und ansprechend gestaltet. Aber sie stand auf unsicherem Boden, und schon bald begann sie einzusinken und die Wände zu bersten. Auch der Kirchturm neigte sich außerordentlich stark.
Nach Ende des Ersten Weltkrieges setzte die Planung einer neuen Kirche ein, die nur unweit der alten Kirche entstehen sollte. Aber erst im Jahr 1934 erfolgte die Beauftragung des Zagreber Architekten Stjepan Podhorski mit der Feinplanung. Gleichzeitig erfolgte der Aushub der Grundmauern. Jedoch konnten die Arbeiten erst sechs Jahre später fortgeführt werden, nachdem ein anderer Architekt die Bauleitung übernommen und einen veränderten Plan vorgestellt hatte. Dieser sah eine deutliche Vergrößerung der Kirche vor.
Viele Mitglieder der Gemeinde waren mit diesem Plan nicht einverstanden, da sie der Meinung waren, dass die Kirche für das kleine Dorf überdimensioniert sei.

Doch der Baumeister brachte es damals auf den Punkt:

„... es wird eine Zeit kommen, in der diese Kirche zu klein sein wird ..."

Wer heute vor dieser meist überfüllten Kirche steht, sieht diese visionäre Aussage bestätigt.

Während des Zweiten Weltkrieges wurden die Bauarbeiten unterbrochen und erst 1959 wieder fortgesetzt. Am 19. Januar 1969 wurde die Kirche eingeweiht, aber der Innenraum konnte erst später vollendet werden.
Der Altarraum wurde nach Plänen des Zagreber Bildhauers Ante Starčević gestaltet, er schuf auch die auf Öl und Glas gemalten Bilder der Kreuzwegstationen. Die Platten für den Steinboden stammen von der Insel Brač, und die Kirchenbänke wurden aus einheimischer Eiche gefertigt.
Im Jahr 1981 (das Jahr der ersten Erscheinung der Muttergottes) befand sich die Kirche zum heiligen Jakobus in dieser Form. Sie war, wie vorhergesagt, deutlich zu groß für die kleine Pfarrei von Medjugorje, doch das sollte sich sehr bald ändern.

Mittlerweile kommen jedes Jahr fast zwei Millionen Pilger aus der ganzen Welt nach Medjugorje. In den ersten Jahren, als das Land noch unter kommunistischer Regierung stand, waren die Pilger den Behörden ein Dorn im Auge. Wo es nur ging, wurden sie behindert. Ständige Kontrollen durch die Polizei waren an der Tagesordnung. Und die Infrastruktur war auf die vielen Pilger in keiner Weise vorbereitet. Es gab weder Hotels, Pensionen, Restaurants noch vernünftige Verkehrswege. So wurde die Kirche sehr schnell zum Versammlungsort der Pilger. Dort erhielten sie nicht nur geistigen Zuspruch, die Pfarrei kümmerte sich auch um die Unterbringung der Pilger bei einheimischen Familien im Rahmen von deren Möglichkeiten.
In den folgenden Jahren wurde die Kirche mit ihrer Umgebung weiter umgestaltet, um dem Zustrom an Pilgern gerecht zu werden. In den Jahren 1987 und 1988 wurde der Platz vor der Kirche gepflastert.

Blick auf den Freialtar während des Lockdowns 2020.

Die Kirche zum heiligen Jakobus – links und rechts der Beichtbereich.

Ebenso wurde im Jahr 1987 die Marienstatue vor der Kirche aufgestellt, die der italienische Bildhauer Dino Felici aus Carrara-Marmor geschaffen hat. Gestiftet wurde die Statue von einer Familie aus der Schweiz. Der Künstler hat die Madonna nicht nur nach der Beschreibung der Seher gestaltet, sondern hat sich auch an dem beliebten Gemälde des italienischen Malers Mainardi orientiert.

Erst nach Ende des Balkankrieges (1991–1995) konnte mit der Renovierung und Ergänzung der Kirche fortgefahren werden. Während des Krieges musste die heilige Messe sehr oft in den Kellerräumen des Pfarrhauses gefeiert werden. Die Fassade und der Glockenturm wurden erneuert. Der Innenraum der Kirche erhielt einen Kreuzweg mit Reliefszenen in Holz von dem italienischen Bildhauer Sacchi.
Auf der rechten Außenseite der Kirche wurde ein Platz der Stille geschaffen, wo die Pilger unter einem großen Bronzekreuz beten und Kerzen anzünden können.
Aufgrund der großen Anzahl an Pilgern wurde es immer schwieriger, jeder Nation einen Raum für die Messfeier in der jeweiligen Sprache anzubieten. Deshalb wurde hinter der Kirche ein 1.000 Quadratmeter großes Saalgebäude errichtet, das den Namen „Saal des Heiligen Johannes Paul II." trägt. Bekannt ist es unter dem Begriff „Gelber Saal". Hier finden täglich heilige Messen in mehreren Sprachen statt. Eingeweiht wurde der Saal am 28. Juni 1998.

Der Freialtar hinter der Kirche.

Die Glasfenster der Kirche.

Platz der Stille.

Der Kirchplatz von Medjugorje mit der Statue der Gospa.

Die Madonna von Lourdes rechts neben dem Hauptaltar.

Zur Kirche zum heiligen Jakobus gehört ebenso die Anbetungskapelle direkt gegenüber dem Informationszentrum und dem Franziskanerkloster. In dieser Kapelle werden auch Gottesdienste gefeiert.
Der Ort, an dem die heiligen Messen stattfinden, ist am schwarzen Brett beim Informationszentrum einzusehen.
In der übrigen Zeit wird in der Kapelle das Allerheiligste zur Anbetung ausgesetzt. Die Anbetung findet auch im Rahmen der internationalen Pilgermessen in der Pfarrkirche oder beim Freialtar statt.

Station 3 – Die Statue des auferstandenen Jesus

Auf dem Weg in Richtung Friedhof „Kovačica“ erreicht der Pilger zunächst den Weg „Via Domini“, an dem die Stationen des „lichtreichen Rosenkranzes“ aufgestellt sind.

1. Der von Johannes getauft wurde
2. Der sich auf der Hochzeit von Kana offenbart hat
3. Der uns das Reich Gottes verkündet hat
4. Der uns die Eucharistie geschenkt hat
5. Der auf dem Berg verklärt wurde

Unmittelbar hinter den Mosaikstationen, die besonders in den frühen Morgen- oder späten Abendstunden ihre Schönheit voll entfalten, liegt der Platz des auferstandenen Jesus.
Dieser Bereich ist ein Ort der Stille und des Gebetes.
Die Bronzestatue hat der Bildhauer Andrej Ajdič geschaffen, und sie wurde zu Ostern 1998 eingeweiht. Aus der Statue tritt im oberen Bereich der Beine seit vielen Jahren eine Flüssigkeit aus. Viele Pilger tupfen mit einem weißen Tuch die Flüssigkeit auf und nehmen dieses als Erinnerung mit nach Hause. Oft bilden sich vor der Statue lange Schlangen.
Im gleichen Bereich befinden sich Kreuzwegstationen, die es Besuchern ermöglichen, den Kreuzweg auch hier zu beten.

Die Statue des auferstandenen Jesus.

Station 4 – Der Erscheinungsberg

Der Erscheinungsberg, also der Ort, an dem zum ersten Mal den Sehern die Muttergottes erschienen ist, liegt im Ortsteil Bijakovići. Von der Kirche beträgt die Gehzeit ca. 30 Minuten. Für den Aufstieg zur Statue der Muttergottes sollten ca. 30 Minuten reine Gehzeit eingeplant werden. Nach oben führt ein felsiger Weg, an dessen Rändern die Rosenkranzstationen stehen. Der Weg ist bei Dunkelheit beleuchtet, und die Millionen Pilger, die ihn gegangen sind, haben ihn ausgetreten. Bei Nässe ist hier Vorsicht geboten, da die glatten Steine dann die gleiche Wirkung wie Eisglätte haben.
Auf halbem Weg steht ein Holzkreuz. An dieser Stelle ist am 26. Juni die Muttergottes der Seherin Maria erschienen, wo sie ihr die wichtigste Botschaft von Medjugorje gab: „Friede, Friede, Friede – nur Friede soll herrschen". Dabei wiederholte sie zweimal unter Tränen: „zwischen Gott und den Menschen und unter den Menschen".

Man kann den Weg alleine gehen, mit Pilgerleitern oder mit den Priestern der Pfarrei, die im wöchentlichen Rhythmus die Pilger im Rahmen des Rosenkranzgebetes nach oben begleiten.

Die beste Zeit ist früh am Morgen oder zum Sonnenuntergang.

Menschen jeden Alters bewältigen diesen Weg.

Neben der Statue der Muttergottes ist auch das Holzkreuz auf dem Erscheinungsberg für viele Pilger ein wichtiger Platz für das stille Gebet.

Das Holzkreuz wurde von einer Pilgergruppe aus Südtirol gestiftet. Egal zu welcher Uhrzeit man auf den Erscheinungsberg kommt, man ist selten alleine. In den Hauptmonaten April bis Oktober strömen immer sehr viele Menschen auf den Erscheinungsberg. Selbst in der Nacht sind immer Pilger oben bei der Muttergottes. Und zu dieser Zeit hat man einen schönen Blick auf Medjugorje.

Für den Abstieg kann der Pilger den gleichen Weg wählen, oder aber den zweiten, der hinter der Madonna zum „Blauen Kreuz" führt. Auch hier begleiten Rosenkranztafeln den Weg nach unten. Die Bronzereliefs stammen von dem italienischen Bildhauer Carmelo Puzzolo und wurden der Pfarrei von italienischen Pilgern geschenkt.

Station 5 – Der Gebetsplatz beim „Blauen Kreuz"

Unterhalb des Erscheinungsberges liegt dieser wunderschöne Platz. Er entstand, nachdem die Muttergottes den Seher Ivan zur Gründung einer Gebetsgruppe, die sich hier oft zum Gebet einfindet, aufgefordert hatte. Während des Lockdowns wurde der Platz von Jugendlichen der Pfarrei renoviert. Bei dieser Gelegenheit hinterließ der Pilgerleiterverein eingemauert ein Gebetsanliegen für alle Pilger.

Beim „Blauen Kreuz“ hatte die Seherin Mirjana ihre monatlichen Erscheinungen. An diesen Tagen waren dort meist zigtausende von Pilgern zugegen. Hier beenden oft die Gebetsgruppen der Einheimischen ihre morgendlichen Gebete oder Novenen, wenn sie vom Erscheinungsberg zurückkommen.

Der jährliche Friedensmarsch von Humac nach Medjugorje

Dieses wichtige Ereignis findet immer am 24. Juni statt. Um sechs Uhr morgens startet der Marsch beim Franziskanerkloster in Humac. In meist sengender Hitze geht es über staubige Wege nach Medjugorje. Nach ca. 12 Kilometern erreichen die Teilnehmer die Kirche zum heiligen Jakobus und werden dort bereits zum eucharistischen Segen erwartet. Im Jahr 2021, dem Jubiläumsjahr, haben über 10.000 Menschen an diesem Marsch teilgenommen.
Initiator des Friedensmarsches, der während des Balkankrieges ins Leben gerufen wurde, war Pater Slavko, angeregt durch Hubert Liebherr, der in vier Etappen zu Fuß nach Medjugorje pilgerte.

Die Früchte von Medjugorje

Sie alle aufzuzählen, würde eine eigene Publikation erfordern. Deshalb seien hier nur einige erwähnt, deren Impuls weitgehend mit Medjugorje zusammenhängt:
Die wichtigste Frucht ist: Durch Medjugorje haben unzählige Menschen wieder zum Glauben zurückgefunden. Oft waren sie fern der Kirche, haben in Unfrieden und Verzweiflung gelebt. Nach ihrer Umkehr haben sie wieder Frieden mit sich selbst, ihrer Familie und mit Gott gefunden.

Die weitere große Frucht ist die Beichte. Hierzu fordert uns die Muttergottes in vielen Botschaften immer wieder auf. Mit Recht kann man Medjugorje als den größten Beichtstuhl der Welt bezeichnen, wie das der Heilige Johannes Paul II. sagte. Selbst der überdimensionierte Beichtbereich reicht zu vielen Zeiten nicht aus, so dass die Priester rund um die Kirche unter freiem Himmel die Beichte abnehmen.

Über Medjugorje sind viele Gebetsgruppen in der ganzen Welt entstanden, und das Rosenkranzgebet hat eine vollkommen neue Dimension erhalten.
Viele Ordensgemeinschaften haben sich in Medjugorje niedergelassen beziehungsweise sind dort entstanden. Die Gemeinschaft mit der größten Wirkungskraft ist die Gemeinschaft Cenacolo, die von der italienischen Ordensschwester Elvira Pozzi für drogenabhängige Jugendliche gegründet wurde. Deren Erfolge liegen deutlich über den Ergebnissen konventioneller Einrichtungen.
Die Gemeinschaft bietet fast täglich Vorträge in unterschiedlichen Sprachen an. In der Regel berichten Jugendliche, die sich zur Therapie im Cenacolo aufhalten, im Rahmen der Vorträge von ihrem Lebensweg und ihrer Umkehr.
Der Sitz der Gemeinschaft ist unmittelbar beim Erscheinungsberg.

Hervorzuheben sind vor allem auch die vielen Priester- und Ordensberufungen, die Medjugorje hervorgebracht hat.

Nicht zu vergessen ist auch Mary's Meals, eine Organisation, die sich um die Schulspeisung von Kindern in vielen Ländern der Erde kümmert. Auch sie ist eine Frucht von Medjugorje.

Kapelle der Gemeinschaft Cenacolo.

Mitglieder der Gemeinschaft Cenacolo auf dem Kreuzberg.

Es ist unmöglich, auf die Vielzahl der Gemeinschaften im Detail einzugehen. Es seien nur zwei beispielhaft erwähnt, die für deutschsprachige Pilger von besonderer Bedeutung sind.

Auf deutsche Ordensschwestern trifft man in der Gemeinschaft „Oase des Friedens". Diese liegt nur wenige Meter neben der Gemeinschaft Cenacolo. Dort werden auch Unterkünfte für Pilger angeboten, und es finden mehrmals im Jahr Exerzitien und Jugendauszeiten statt.
Nur einen kurzen Fußweg von der Kirche entfernt (direkt neben dem Friedhof Kovačica) hat die Gemeinschaft „Maria – Königin des Friedens" ihren Sitz. Dort erwartet den Pilger nicht nur eine freundliche Aufnahme, sondern auch eine wunderschöne Kapelle. Eine vorherige Anmeldung ist hier empfehlenswert. Geleitet wird die Gemeinschaft von Pater Ignaz Domej. Nähere Informationen sind auf der Homepage der Gemeinschaft zu finden, insbesondere die Termine zu vielen Veranstaltungen.

Mosaikreliefs in der Kapelle „Maria – Königin des Friedens".

Die fünf Steine von Medjugorje

„Liebe Kinder! Ich lade Euch zu Eurer
persönlichen Bekehrung ein.
Diese Zeit gehört Euch!
Ich gebe Euch die Waffen gegen Euren Goliath.
Das sind Eure fünf kleinen Steine."

1. Gebet mit dem Herzen

Liebe Kinder, betet, betet, betet, bis Euer Gebet Freude für Euch wird und Eurer Leben ein einfacher Weg zu Gott ist.
25.02.2013

2. Eucharistie

Die heilige Messe soll für Euch Leben sein. Begreift, dass die Kirche Gottes Palast ist.
25.04.1988

3. Bibel

Lest und meditiert die Heilige Schrift, die darin geschriebenen Worte mögen für Euch Leben sein.
25.02.2012

4. Fasten

Fastet streng mittwochs und freitags.
14.08.1984

5. Monatliche Beichte

Möge die heilige Beichte für Euch der erste Schritt Eurer Bekehrung sein, und danach, liebe Kinder, entscheidet Euch für die Heiligkeit.
25.03.2018

Pater Slavko – ein Leben im Dienst der Botschaften

Pater Slavko Barbarić wurde am 11. März 1946 geboren. In den Franziskanerorden trat er am 14. Juli 1965 ein. Sein feierliches Gelübde legte er am 17. September 1971 in Humac ab. Zum Priester wurde er am 19. Dezember 1971 geweiht. Er studierte in Sarajevo, Graz und Freiburg. Pater Slavko war Franziskaner, Priester und Psychologe. Er kam 1982 als Kaplan nach Medjugorje. Als Seelsorger hat er die Entwicklung dieses Ortes entscheidend mitgetragen. Er war ein Priester, der seine Berufung leidenschaftlich lebte und den Botschaften der Muttergottes nach anfänglichen Zweifeln mit voller Überzeugung folgte.

Am 24. November 2000 betete er – wie jeden Freitag – mit der Pfarrgemeinde und den Pilgern den Kreuzweg auf dem Kreuzberg. Um 15:30 Uhr setzte er sich nach Beendigung des Kreuzweges und nach plötzlich auftretenden Schmerzen auf einen Stein in der Nähe der 14. Station, fiel auf die Erde, verlor das Bewusstsein und verstarb schließlich an dieser Stelle.

Statue von Pater Slavko – am Eingang zum Mutterdorf.

Er hat es geschafft, die Botschaften für jeden Menschen verständlich zu interpretieren. Dazu ist er um die ganze Welt gereist. Er war fromm, demütig und voller Liebe.
Am Sonntag, den 26. November 2000, wurde Pater Slavko auf dem Ortsfriedhof von Medjugorje beigesetzt. Sein Grab wird noch heute jeden Tag von vielen Pilgern aufgesucht.
Im Jahr 2021 wurde eine Initiative zur Einleitung des Seligsprechungsprozesses in Gang gesetzt.
Pater Slavko war nicht nur ein herausragender spiritueller Priester, sondern auch ein Pragmatiker, der viele seiner Visionen in die Tat umsetzte.

Sein großes und bis heute fortbestehendes Werk war das Mutterdorf in Medjugorje. Das Mutterdorf, eine Institution für die Erziehung und Betreuung von Kindern, ist seit 1993 tätig. Während des Krieges, der die Region von 1991 bis 1995 heimsuchte, organisierte Pater Slavko eine Unterkunft für verwaiste und alleingelassene Flüchtlingskinder aus Zentralbosnien und für Kinder, die aufgrund des Krieges in zerrütteten Familienverhältnissen oder in bitterster Armut alleingelassen waren. Anfänglich wurden diese Kinder in einem gemieteten Haus untergebracht, und die Betreuung wurde den Franziskanischen Schulschwestern der herzegowinischen Provinz anvertraut. Aus dieser Situation wurde die Idee geboren, ein Kinderdorf zu errichten. Bereits 1995 wurden die ersten Objekte gesegnet, und die Institution nahm am 8. September 1996 unter der Leitung der Franziskaner der Provinz Mostar „Aufnahme Marias" offiziell ihre Tätigkeit auf.

Heute umfasst die Institution folgende Aktivitätsbereiche:

- Kinderdorf – für Kinder und Jugendliche
- „Hl. Therese von Lisieux" – Kindergarten
- „Königin Katarina" – Atelier, Werkstatt und Galerie
- „Garten des hl. Franziskus" – Ort der Erholung und des Gebets
- „Fr. Didak Buntić" – Unterstützung für Hilfsbedürftige

Die Tätigkeit des Mutterdorfs erfolgt im Rahmen der katholischen Kirche mit dem Wunsch, gemäß dem Evangelium die Familie zu sein, die mit Liebe und Vertrauen den zerbrochenen und verwundeten zwischenmenschlichen Beziehungen die gute Botschaft des Friedens bringt.

Das Mutterdorf ist bestrebt, die Liebe der Muttergottes zu bezeugen. Sie ist ein Aufruf an alle Menschen guten Willens, sich am Aufbau einer besseren und gerechteren Welt aktiv zu beteiligen.

In seiner franziskanischen Tradition ist das Mutterdorf bemüht, Träger einer erneuerten Harmonie zwischen Gott und Mensch und Mensch und Natur, eine Schule für ein gesundes und einfaches Leben zu sein.

Die Ruhestätte von Pater Slavko auf dem Friedhof von Medjugorje.

Eine weitere großartige und wichtige Frucht ist vor einigen Jahren durch den Seher Jacov Colo ins Leben gerufen worden:

Barmherzige Werke in Medjugorje

Marijine Ruke – „Mariens Hände"

„Mariens Hände" wurde im Juli 2016 in Medjugorje mit dem Ziel gegründet, Armen und allen, die in Not sind, zu helfen. Das Büro befindet sich in dem kleinen Gebäude neben dem Pfarrhaus in Medjugorje. Besucher sind dort stets willkommen. Viele ehrenamtliche Mitarbeiter kümmern sich unter Führung von Jacov Colo um die Ärmsten in der Region. Die Versorgung der Bedürftigen erfolgt unabhängig von der Glaubenszugehörigkeit und geht mittlerweile über die Region von Medjugorje weit hinaus.
Ende 2021 wurde ein Haus für die Armenspeisung eröffnet. Es liegt etwas außerhalb von Medjugorje. Dort werden jeden Tag bedürftige Familien und Arme mit einer vollständigen Mahlzeit versorgt. Für viele Menschen sind selbst die wichtigsten Grundnahrungsmittel ein Luxusgut. Und hier ist die Hilfe von „Mariens Hände" besonders wertvoll. Täglich wird der Kleinbus vollgeladen, und es geht zu denen, die selbst nicht kommen können.

Während der Coronakrise sind in der Herzegowina viele Menschen in bittere Armut gefallen. Staatliche Fürsorge gibt es dort nicht.

Das Werk von Nancy und Patrick Latta

Derjenige, der die Geschenke Gottes begreift und annimmt, kann mit Recht bezeugen, dass nichts, was er von oben bekommen hat, ihm gehört, sondern nur Gott, der die Quelle aller Gnaden ist. Von einem solchen unverdienten Geschenk der Gnade Gottes gibt die Familie Patrick und Nancy Latta aus Kanada Zeugnis. Sie haben in Kanada alles verkauft und sind nach Medjugorje gekommen, um hier zu leben und – wie sie sagen – Nachbarn der Gospa zu sein.
Ihr Leben vor Medjugorje war durch vieles belastet. Patrick war ein äußerst erfolgreicher Autohändler, Nancy eine sehr erfolgreiche Anwältin. Trotzdem war in ihrem Leben eine ständige Unruhe vorhanden, und ihre Familienverhältnisse waren mit vielen Problemen belastet, bis sie sich entschlossen, in Medjugorje in den Dienst der Muttergottes zu treten. Einige hundert Meter außerhalb von Medjugorje haben sie ein geistliches Zentrum geschaffen, das auch Unterkünfte für Priester und Ordensleute anbietet. Selbst leben die beiden sehr bescheiden und strahlen eine unglaubliche Gastfreundschaft aus. Jeder Pilger wird mit Liebe begrüßt, und sehr oft kommen sehr viele. Über ihr Leben legen sie immer wieder Zeugnis vor Pilgern ab.

In der Kapelle bei Patrick und Nancy Latta.

Geistliche Ziele in der Umgebung von Medjugorje

Das Franziskanerkloster in Mostar

Der Historiker Luka Wadding geht davon aus, dass es in Mostar bereits in der zweiten Hälfte des 15. Jahrhunderts ein franziskanisches Kloster gegeben haben muss. Denn 1482 ist Mostar von den Türken erobert worden, und nach diesem Zeitpunkt wäre eine Klostergründung kaum möglich gewesen. Die Franziskaner haben die Besetzung durch die Türken bis zum Jahr 1563 überstanden. Dann wurde das Kloster vollständig zerstört, und die Mönche wurden getötet oder vertrieben. Diese Tat begründeten die Türken damit, dass die Franziskaner den Bischof von Duvno bei sich versteckt hielten. In Folge dieser Tat musste auch der große Teil der katholischen Bevölkerung aus Mostar fliehen und sich in den Bergen versteckt halten.
Nach mehr als dreihundert Jahren war die Zeit reif und der Wunsch der Franziskaner, in der Herzegowina wieder ein Kloster zu errichten, sehr groß. Im Jahr 1849 kehrten die ersten Franziskaner wieder nach Mostar zurück. Die Stadt war mittlerweile das Zentrum der Herzegowina.
Am 7. März 1866 wurde mit den Bauarbeiten der Kirche begonnen. Im Jahr 1902 war die Kirche fertiggestellt, und im Jahr 1927 folgten die Glocken für die beiden Kirchtürme.
Das Kloster wurde 1890 nach mehr als dreihundert Jahren wieder errichtet.
Der Erste Weltkrieg brachte viel Elend in die Herzegowina. Tausende ließen ihr Leben auf fernen Schlachtfeldern, und Hunderttausende raffte die Spanische Grippe dahin. Im Zweiten Weltkrieg wurde das Kloster geplündert und ausgebombt. Die Partisanen ermordeten 66 herzegowinische Franziskaner.
Während des Jugoslawienkrieges wurde die Kirche vollständig zerstört und 1998 neu erbaut.

Die Kirche und das Kloster erstrahlen seit 2020 wieder in neuen Glanz.
Sie liegen unmittelbar am Zugang zur Altstadt.

Široki Brijeg

Die Geschichte von diesem Ort ist eng verknüpft mit dem 1846 gegründeten gleichnamigen Kloster der Franziskaner.

Ab dem 6. Februar 1945 lieferte sich die 26. Division des VIII. Korps der Volksbefreiungsarmee Jugoslawiens heftige Kämpfe mit dem 370. Regiment der 369. Legionärsdivision der deutschen Wehrmacht sowie kroatischen Streitkräften um die Stadt. Am 7. Februar 1945 eroberten Partisanen der II. Dalmatinischen Proletarischen Brigade die Stadt und marschierten in Široki Brijeg ein. Nach der Einnahme wurden etwa 21 Franziskanerbrüder zwischen dem 7. und 15. Februar, im Massaker von Široki Brijeg, getötet. Schulen und Kloster wurden schwer verwüstet und das Inventar geraubt oder öffentlich verbrannt. Erst in den 1970er Jahren konnte das Kloster seinen aktiven Betrieb wieder aufnehmen. Im Bosnienkrieg war Široki Brijeg mehreren Bomben- und Raketenangriffen seitens serbischer Truppen ausgesetzt. Die Stadt selbst trug einige Schäden davon, während das Franziskanerkloster diesen Krieg schadlos überstand.

Die Kirche und der Klostergarten.

Die Heilige Familie vor dem Mädcheninternat in Široki Brijeg.

In Erinnerung an das Massaker, das die Partisanen an den Franziskanern verübten. Der Keller, in dem die Mönche ermordet und verbrannt wurden, ist für Besucher über eine Öffnung einsehbar.

Internationale Abendmesse in Medjugorje.

Tihaljina

Die Pfarrkirche der Unbefleckten Empfängnis in Tihaljina ist eine sehr beliebte Anlaufstelle der Medjugorje-Pilger. Viele italienische, polnische und ukrainische Besucher feiern dort die heilige Messe. Die Abbildung der Muttergottes ist besonders schön.

Die Kirche in Šurmanci

In der Kirche des kleinen Dorfes Šurmanci, nicht weit weg von Medjugorje, gibt es eine wundersame Ikone des barmherzigen Jesus.
Im Jahre 1990 war diese Ikone in der Kirche der göttlichen Barmherzigkeit in Trient. Dort ist der italienische Pilger Ugo Festa auf wundersame Weise geheilt worden. Diese Heilung gilt als Beweis für die Heiligsprechung von Schwester Faustyna. Später wurde die Ikone auf Anfrage des Erzbischofs von Split, Monsignore Frane Franić, in einer Bittprozession für den Frieden nach Medjugorje gebracht. Hier wurde sie zunächst in der Anbetungskapelle aufgestellt und danach in die Kirche von Šurmanci gebracht, wo sie sich noch heute befindet. In dieser Kirche wird nicht nur diese Ikone aufbewahrt, sondern auch Reliquien vom heiligen Papst Johannes Paul II. und der heiligen Schwester Faustyna. Bei Anwesenheit des Mesners wird dem Pilger gerne der Schrank mit den beiden Reliquien geöffnet. Nach Absprache kann mit den Reliquien durch einen Priester auch gesegnet werden.

Die Schönheiten der Herzegowina

Wer nach Medjugorje kommt und etwas Zeit mitbringt, sollte sich unbedingt dieses kleine, aber wunderschöne Land näher anschauen. Hier nur einige Plätze, für die sich der Pilger etwas Zeit nehmen sollte:

Die Wasserfälle von Jaice und Medjugorje.

Mostar und Stari Most – die Alte Brücke.

Das orthodoxe Kloster in Trebinje.

Der bosnische Himalaya.

Das Derwisch-Kloster in Blaghai.

Das Gebetsprogramm in Medjugorje

Gebetsprogramm Winter – 1. September bis 31. Mai

Eucharistische Nachtanbetung – Die heilige Eucharistie wird jeden Monat vom 25. auf den 26. zur Anbetung in der Kirche ausgesetzt; 21.00–22.00 Uhr Gestaltete Anbetung (Lieder, Gebete, Meditation); 22.00–7.00 Uhr Stille.

Montag

07:30 Uhr	Kroatische heilige Messe
09:00 Uhr	Deutschsprachige heilige Messe
17–20:00 Uhr	Gebetsprogramm und Beichtgelegenheit
17:00 Uhr	Rosenkranz: freudenreiche und schmerzhafte Geheimnisse
18:00 Uhr	Heilige Messe
19–20:00 Uhr	Segnung der religiösen Gegenstände; Gebet für seelische und körperliche Gesundheit; Rosenkranz: glorreiche Geheimnisse

Dienstag

07:30 Uhr	Kroatische heilige Messe
09:00 Uhr	Deutschsprachige heilige Messe
17–20:00 Uhr	Gebetsprogramm und Beichtgelegenheit
17:00 Uhr	Rosenkranz: freudenreiche und schmerzhafte Geheimnisse
18:00 Uhr	Heilige Messe
19–20:00 Uhr	Segnung der religiösen Gegenstände; Gebet für seelische und körperliche Gesundheit;
21–22:00 Uhr	Eucharistische Anbetung

Mittwoch

07:30 Uhr	Kroatische heilige Messe
09:00 Uhr	Deutschsprachige heilige Messe
Nachmittags	Stille Anbetung in der Anbetungskapelle
17–20:00 Uhr	Gebetsprogramm und Beichtgelegenheit
17:00 Uhr	Rosenkranz: freudenreiche und schmerzhafte Geheimnisse
18:00 Uhr	Heilige Messe
19–20:00 Uhr	Segnung der religiösen Gegenstände

Donnerstag

07:30 Uhr	Kroatische heilige Messe
09:00 Uhr	Deutschsprachige heilige Messe
17–20:00 Uhr	Gebetsprogramm und Beichtgelegenheit
17:00 Uhr	Rosenkranz: freudenreiche und lichtreiche Geheimnisse
18.00 Uhr	Heilige Messe, anschließend Segnung der Andachtsgegenstände
19–20:00 Uhr	Eucharistische Anbetung

Freitag

07:30 Uhr	Kroatische heilige Messe
09:00 Uhr	Deutschsprachige heilige Messe
14:00 Uhr	Kreuzweg auf dem Kreuzberg
17–20:00 Uhr	Gebetsprogramm und Beichtgelegenheit
19–20:00 Uhr	Verehrung des Kreuzes

Samstag

07:30 Uhr	Kroatische heilige Messe
09:00 Uhr	Deutschsprachige heilige Messe
13:00 Uhr	Kroatische heilige Messe
17–20:00 Uhr	Gebetsprogramm und Beichtgelegenheit
17:00 Uhr	Rosenkranz: freudenreiche und schmerzhafte Geheimnisse
18:00 Uhr	Heilige Messe
19–20:00 Uhr	Segnung der religiösen Gegenstände; Gebet für seelische und körperliche Gesundheit; Rosenkranz: glorreiche Geheimnisse
21–22:00 Uhr	Eucharistische Anbetung

Sonn- und Festtag

08:00 Uhr	Kroatische heilige Messe
11:00 Uhr	Kroatische heilige Messe
10:00 Uhr	Deutschsprachige heilige Messe
14:00 Uhr	Rosenkranz auf dem Erscheinungsberg
17–20:00 Uhr	Gebetsprogramm und Beichtgelegenheit
17:00 Uhr	Rosenkranz: freudenreiche und schmerzhafte Geheimnisse
18:00 Uhr	Heilige Messe
19–20:00 Uhr	Segnung der religiösen Gegenstände; Rosenkranz: glorreiche Geheimnisse

Internationales Priesterseminar in Medjugorje im Jahr 2018.

Gebetsprogramm Sommer – 1. Juni bis 31. August

Montag

07:30 Uhr	Kroatische heilige Messe
09:00 Uhr	Deutschsprachige heilige Messe
13:00 Uhr	Kroatische heilige Messe - vom 25.6. bis 31.8.
18–21:00 Uhr	Gebetsprogramm und Beichtgelegenheit
18:00 Uhr	Rosenkranz: freudenreiche und schmerzhafte Geheimnisse
19:00 Uhr	Heilige Messe
20–21:00 Uhr	Segnung der religiösen Gegenstände; Gebet für seelische und körperliche Gesundheit; Rosenkranz: glorreiche Geheimnisse

Dienstag

07:30 Uhr	Kroatische heilige Messe
09:00 Uhr	Deutschsprachige heilige Messe
13.00 Uhr	Kroatische heilige Messe - vom 25.6. bis 31.8.
18–21:00 Uhr	Gebetsprogramm und Beichtgelegenheit
18:00 Uhr	Rosenkranz: freudenreiche und schmerzhafte Geheimnisse
19:00 Uhr	Heilige Messe
20–21:00 Uhr	Segnung der religiösen Gegenstände; Gebet für seelische und körperliche Gesundheit; Rosenkranz: glorreiche Geheimnisse
22–23:00 Uhr	Eucharistische Anbetung

Mittwoch

07:30 Uhr	Kroatische heilige Messe
09:00 Uhr	Deutschsprachige heilige Messe
13:00 Uhr	Kroatische heilige Messe - vom 25.6. bis 31.8.
18–21:00 Uhr	Gebetsprogramm und Beichtgelegenheit
18:00 Uhr	Rosenkranz: freudenreiche und schmerzhafte Geheimnisse
19:00 Uhr	Heilige Messe
20–21:00 Uhr	Segnung der religiösen Gegenstände; Gebet für seelische und körperliche Gesundheit; Rosenkranz: glorreiche Geheimnisse

Donnerstag

07:30 Uhr	Kroatische heilige Messe
09:00 Uhr	Deutschsprachige heilige Messe
13:00 Uhr	Kroatische heilige Messe - vom 25.6. bis 31.8.
18–21:00 Uhr	Gebetsprogramm und Beichtgelegenheit
18:00 Uhr	Rosenkranz: freudenreiche und lichtreiche Geheimnisse
19:00 Uhr	Heilige Messe, anschließend Segnung der religiösen Gegenstände
20–21:00 Uhr	Eucharistische Anbetung

Freitag

07:30 Uhr	Kroatische heilige Messe
09:00 Uhr	Deutschsprachige heilige Messe
13:00 Uhr	Kroatische heilige Messe – vom 25.6. bis 31.8.
16:00 Uhr	Kreuzweg auf dem Kreuzberg
18–21:00 Uhr	Gebetsprogramm und Beichtgelegenheit
18:00 Uhr	Rosenkranz: freudenreiche und schmerzhafte Geheimnisse
19:00 Uhr	Heilige Messe, anschließend Segnung der religiösen Gegenstände
20–21:00 Uhr	Verehrung des Kreuzes

Samstag

07:30 Uhr	Kroatische heilige Messe
09:00 Uhr	Deutschsprachige heilige Messe
13:00 Uhr	Kroatische heilige Messe – vom 25.6. bis 31.8.
18–21:00 Uhr	Gebetsprogramm und Beichtgelegenheit
18:00 Uhr	Rosenkranz: freudenreiche und schmerzhafte Geheimnisse
19:00 Uhr	Heilige Messe
20-21:00 Uhr	Segnung der religiösen Gegenstände; Gebet für seelische und körperliche Gesundheit; Rosenkranz: glorreiche Geheimnisse
22–23:00 Uhr	Eucharistische Anbetung

Sonn- und Festtag

08:00 Uhr	Kroatische heilige Messe
11:00 Uhr	Kroatische heilige Messe
10:00 Uhr	Deutschsprachige heilige Messe
16.00 Uhr	Rosenkranz auf dem Erscheinungsberg
18–21:00 Uhr	Gebetsprogramm und Beichtgelegenheit
18:00 Uhr	Rosenkranz: freudenreiche und schmerzhafte Geheimnisse
19:00 Uhr	Heilige Messe
20–21:00 Uhr	Segnung der religiösen Gegenstände

Heilige Messen in verschiedenen Sprachen finden mehrmals täglich statt. Die genauen Zeiten und Orte können der Informationstafel neben dem Shop der Pfarrei entnommen werden.

Im Frühjahr und Herbst sind die Berge ganz nah.

Die Seher

Vicka Ivanković wurde am 3.9.1964 in Bijakovići, Pfarrei Medjugorje, geboren. Sie hat noch immer die täglichen Erscheinungen. Die Muttergottes hat ihr neun Geheimnisse anvertraut. Vicka ist verheiratet, hat zwei Kinder und lebt in Krehin Gradac bei Medjugorje.

Ivan Dragicević wurde am 25.5.1965 in Bijakovići, Pfarrei Medjugorje, geboren. Er hat noch immer die täglichen Erscheinungen. Die Muttergottes hat ihm neun Geheimnisse anvertraut. Ivan ist verheiratet, hat vier Kinder und lebt mit seiner Familie in den Vereinigten Staaten und in Medjugorje.

Marija Pavlović-Lunetti wurde am 1.4.1965 in Bijakovići, Pfarrei Medjugorje, geboren. Sie hat noch immer die täglichen Erscheinungen. Durch sie gibt die Muttergottes ihre Botschaften für die Pfarrei und für die Welt. Sie ist verheiratet, hat vier Kinder und lebt mit ihrer Familie in Italien und Medjugorje.

Jakov Colo wurde am 6.3.1971 in Sarajevo geboren. Tägliche Erscheinungen hatte er vom 25.6.1981 bis zum 12.9.1998. Jetzt erhält er nur noch zu Weihnachten eine Botschaft. Jakov ist verheiratet, hat drei Kinder und lebt mit seiner Familie in Medjugorje.

Ivanka Ivanković-Elez wurde am 21.6.1966 in Bijakovići geboren. Sie hat als Erste die Erscheinung gesehen. Jährlich hat sie eine Erscheinung und zwar am 25. Juni, dem Jahrestag der Erscheinungen. Ivanka ist verheiratet, hat drei Kinder und lebt mit ihrer Familie in Medjugorje.

Mirjana Dragičević-Soldo wurde am 18.3.1965 in Sarajevo geboren. Mirjana ist verheiratet, hat zwei Kinder und lebt mit ihrer Familie in Medjugorje. Sie hatte tägliche Erscheinungen bis Weihnachten 1982. Ihre jährliche Erscheinung hat sie am 18. März.

Die Stellung des Vatikans zu Medjugorje

Der Vatikan hat Medjugorje am 19. September 2024 offiziell als Pilgerort bestätigt! Das Urteil „Nihil obstat" bedeutet, dass nichts gegen den seit den ersten Marienerscheinungen 1981 entwickelten Glauben und die Frömmigkeit spricht. Diese Entscheidung konnte getroffen werden, da der Vatikan am 17. Mai 2024 neue Normen zu mutmaßlichen übernatürlichen Phänomenen herausgegeben hat.

Auch wenn die Kirche die Echtheit der Erscheinungen noch nicht endgültig bestätigt, ist Medjugorje nun ein anerkannter Ort der Marienverehrung.

Die Abendmesse in Medjugorje wurde an jenem 19. September 2024 von Pater Zvonimir Pavičić, dem Ortspfarrer von Medjugorje, in Konzelebration von 96 Priestern gefeiert. In der heiligen Messe sagte er:

„Heute sind wir besonders dankbar für die wunderbare Nachricht aus dem Vatikan und für Papst Franziskus, der diesen kleinen Ort des großen Glaubens in seinem Herzen trägt. Wir sind Gott dankbar, weil er uns immer wieder zu sich ruft, uns durch Sein Wort und den Leib Christi nährt. Wir sind auch der Muttergottes, der Königin des Friedens, dankbar, die all dies ins Leben gerufen und uns bis heute begleitet hat. Ebenso danken wir all jenen, die vor uns diesen Weg des Glaubens gegangen sind, die die Last und Gnade dieser Ereignisse getragen haben und nun mit uns im Himmel die Eucharistie feiern."

Entnommen der Internetseite von Medjugorje Deutschland e. V.

Erzbischof Henryk Hoser

An Fronleichnam 2018 ernannte Papst Franziskus den Sondergesandten für Medjugorje, den emeritierten Bischof von Warschau-Praga, Henryk Hoser für unbestimmte Zeit zum Apostolischen Visitator der Pfarrei Medjugorje. Einher ging damit die Übertragung der pastoralen Kompetenz für die Pilger von der Diözese Mostar hin zum Apostolischen Visitator. Seither wurde in jeder heiligen Messe in Medjugorje im Hochgebet sowohl für Bischof Ratko als auch für Erzbischof Henryk gebetet.

Am 22. Juli 2018 führte der Nuntius von Bosnien und Herzegowina, Erzbischof Luigi Pezzuto, Erzbischof Henryk Hoser in Medjugorje als den Apostolischen Visitator ein. Es war das erste Mal in 37 Jahren, dass der Nuntius von Bosnien und Herzegowina Medjugorje besuchte und beim Jugendfestival im August 2018 die Eröffnungsmesse feierte.

Erzbischof Hoser verstarb am 13. August 2021.

Erzbischof Aldo Cavalli

Am 27. November 2021 ernannte Papst Franziskus den Titularbischof von Vibo Valentia (lat. Dioecesis Vibonesis) und bisherigen Nuntius der Niederlande, Erzbischof Aldo Cavalli, zum apostolischen Visitator für Medjugorje mit einer besonderen Rolle für die Pfarrei Medjugorje auf unbestimmte Zeit und ad nutum Sanctae Sedis.
Innerhalb kürzester Zeit hat Erzbischof Cavalli die Herzen der Einwohner und der Pilger aus aller Welt gewonnen. Seine offene und herzliche Art macht ihn zu einem echten „Vater" im Sinne des bischöflichen Dienstes.
Ein besonderes Anliegen ist ihm die Anbetung. Hierzu hat er die Planung für eine 24-Stunden-Anbetung in Medjugorje angestoßen.

Gerade die jungen Gläubigen bzw. die Suchenden, die nach Medjugorje kommen, sind ihm besonders wichtig.
Zum Jugendfestival 2022, das hinsichtlich der Anzahl der teilnehmenden Bischöfe, Priester und Pilger alle vorherigen Mladi-Feste deutlich übertroffen hat, begrüßte er die Jugendlichen mit den nachstehenden Worten:
„Ihr seid alle hier in Medjugorje willkommen, wo dieses tiefe und schöne Treffen junger Menschen hier in Medjugorje nur einen Zweck hat. Nur ein Ziel, dass der Herr Jesus jeden von euch kennt und dass jeder von euch den Herrn Jesus kennt. In dieser tiefen Begegnung schenkt uns der Herr seinen Frieden im Herzen, das heißt seine Gegenwart. In dieser tiefen Begegnung schenkt uns der Herr seinen Geist, in uns, in uns allen, mit seinem Frieden und seinem Geist.
Die Apostel, gewöhnliche, analphabetische Fischer, verließen fast alle Jerusalem und verbreiteten sich in 20-30 Jahren über die ganze Welt. Sie wollten nichts. Mit dem Frieden Jesu in ihnen, mit Seiner Gegenwart, mit der Kraft des Heiligen Geistes verkündeten sie der ganzen Welt, dass Gott der Vater Liebe ist und dass Jesus jedem von

uns nahe kommen und jeden von uns begleiten wollte. Und dass Gott der Vater in Jesus jedem von uns die Kraft, Intelligenz, Gnade und Weisheit des Heiligen Geistes gesandt hat.
Willkommen an diesem Ort, an dem Jesus jedem von Euch begegnet."

Erzbischof Aldo Cavalli und Rudolf Baier mit der 1. Auflage des Pilgerführers. Das Bild im Hintergrund zeigt den verstorbenen Erzbischof Henryk Hoser.

Pater Zvonimir Pavičić – Pfarrer von Medjugorje

Pater Zvonimir Pavičić wurde zum neuen Pfarrer von Medjugorje ernannt. Er hat Anfang September 2022 den bisherigen Pfarrer Pater Marinko Šakota in seinem Amt abgelöst. Pater Marinko leitete zehn Jahre lang, von 2012 bis 2022, die Pfarre Medjugorje.

Pater Zvonimir wurde 1989 in Mostar geboren. Er besuchte die Grund- und Mittelschule in Široki Brijeg. Im Jahr 2017 machte er sein Diplom an der katholisch-theologischen Fakultät in Zagreb. Am 26. Februar 2017 wurde er in Zagreb zum Diakon und am 25. Juni 2017 in Mostar zum Priester geweiht. Seit seiner Priesterweihe ist er in Medjugorje tätig.

Pater Zvonimir Pavičić bei der Heiligen Messe am Freialtar.

ET ADHUC TECUM SUM,
ALLELUIA.

Die Anreise nach Medjugorje

Einreisebestimmungen

Für die Länder Slowenien, Kroatien und Bosnien-Herzegowina (ehem. Jugoslawien) gelten unterschiedliche Einreisebestimmungen. Buswallfahrten führen durch alle drei Länder. Die Flughäfen befinden sich auf kroatischem Boden (Split oder Dubrovnik) oder direkt in Bosnien-Herzegowina (Mostar oder Sarajevo).

Auslandskrankenschein

Bosnien-Herzegowina (Föderationsgebiet) fällt nicht in den Gültigkeitsbereich der Krankenkassen. Deshalb ist die Beantragung eines Auslandskrankenscheines bei der zuständigen Krankenkasse empfehlenswert. Noch besser ist eine Auslandskrankenversicherung.

Ausweis/Reisepass

Für die Einreise nach Bosnien-Herzegowina reicht (Stand Dezember 2024) ein gültiger Personalausweis aus. Bosnien-Herzegowina ist kein Mitglied der EU!
Das Ausweisdokument muss bei der Einreise nach Bosnien-Herzegowina noch mindestens drei Monate gültig sein.

Keine Einreise mit als gestohlen gemeldeten Ausweisen

Bereits mehrfach wurde Pilgern, die mit einem Ausweis oder Reisepass nach Bosnien und Herzegowina einreisen wollten, der Jahre zuvor als gestohlen gemeldet worden war, die Einreise verweigert.

Bei der Einreise sollte man unbedingt die gültigen Zollbestimmungen beachten. An der Grenze wird fast lückenlos kontrolliert, und die Grenzbeamten sind äußerst konsequent.

Bei der Einreise mit dem Kraftfahrzeug ist eine grüne Versicherungskarte erforderlich. Pilger, die mit dem eigenen PKW fahren, erreichen Medjugorje ohne Autobahnunterbrechung. Lediglich die letzten fünf Kilometer bis Medjugorje führen über eine gut ausgebaute Landstraße. Die gesamte Strecke ist (bis auf die deutsche Autobahn) maut- bzw. vignettenpflichtig!

Autoverleih/Mietwagen

Die Anmietung eines Fahrzeuges ist an allen Flughäfen des Landes sowie in Medjugorje selbst jederzeit möglich. Die Preise hierfür sind sehr günstig. Bei der Anmietung eines Fahrzeuges im deutschsprachigen Raum sollte man sich unbedingt vom Verleiher schriftlich bestätigen lassen, dass mit dem Fahrzeug Länder wie Kroatien, Bosnien-Herzegowina und Italien bereist werden dürfen.

Bosnien-Herzegowina ist ein sehr sicheres Reiseland mit einer außerordentlich hohen Polizeipräsenz. Deshalb sollte man sich unbedingt an die gültigen Verkehrsregeln und vor allem an die Geschwindigkeitsbeschränkungen halten.
Lagen können sich bekanntlich sehr schnell ändern, deshalb sollte man sich vor der Abreise über die gültigen Einreisebestimmungen erkundigen. Hierzu informiert zum Beispiel das Auswärtige Amt.

Notrufnummern

Landesweit ist die Polizei unter der **Rufnummer 92** zu erreichen. Die Feuerwehr hat die **Notrufnummer 93**, der **Rettungsdienst die 94. Pannenhilfe** für das Fahrzeug erhält man unter der **Telefonnummer 987**.

Organisierte Pilgerreisen

Es gibt verschiedene Anbieter von organisierten Pilgerreisen. Kontaktadressen können dem Internet oder den diversen Medjugorje-Publikationen entnommen werden oder beim Deutschsprachigen Informationszentrum für Medjugorje angefordert werden: **www.medjugorje.de**.

Ein eigenes Programm (Flug- und Busreisen) bietet der Verein:
Medjugorje Deutschland e. V.
Raingasse 5 - 89284 Pfaffenhofen-Beuren
Telefon: 07302-4081 - Telefax: 07302-4984
E-Mail: information@medjugorje.de

Offizieller Pilgerleiter Verein: www.medjugorje.info

Die Pilgerleiterin für deutschsprachige Pilger, Viki Dodig, kann unter der Rufnummer 0038 763 323 325 kontaktiert werden.

Medizinische Versorgung

Bereits seit 1998 bieten die Malteser jährlich von Palmsonntag bis Allerheiligen im Auftrag der Pfarrgemeinde St. Jakobus den kranken und verletzten Pilgern sowie der Bevölkerung in Medjugorje Erste Hilfe und medizinische Betreuung an. Die Malteser führen diesen Einsatz im Rahmen der internationalen humanitären Hilfe des Malteserordens durch. Ehrenamtliche Helferinnen und Helfer aus Deutschland und aus anderen europäischen Ländern setzen bis 15 Tage ihres Urlaubes dafür ein, um gemeinsam mit einheimischen Ärzten und Krankenschwestern in der Sanitätsstation in Medjugorje ihren Dienst zu verrichten.

Das nächstgelegene Krankenhaus ist ca. 5 Kilometer entfernt in der Gemeinde Čitluk oder aber in Mostar (Entfernung ca. 40 Kilometer).

In der gesamten Herzegowina wird viel Wein angebaut.
Auch rund um Medjugorje befinden sich große Flächen.

Balkans
SLOVE
NIA
Ljubljana
Zagreb
CROATIA
Sarajevo
BOSNIA &
HERZEGOVINA
Belgrad
SERBIA
Adriatic Sea
Podgorica
MONTE
NEGRO
KOSOVO
Tirana
Scopje
MACEDONIA

Hinweise für Priester, die eine Wallfahrt begleiten

Entnommen dem Dokument, das im Informationszentrum MIR ausliegt.

„Im Namen aller Priester, die in dieser Pfarrei dienen, wünsche ich Ihnen ein herzliches Willkommen in der Pfarrei Medjugorje. Ich danke Ihnen von Herzen, dass Sie den Wunsch haben und auch bereit sind, diesen Ort der Gnade und des Gebetes zu besuchen. Möge der allmächtige Gott, durch die Fürsprache unserer himmlischen Mutter, der Königin des Friedens, Sie für all Ihre Mühen und Anstrengungen belohnen, die Sie auf sich nehmen, um hierherzukommen.
Möge Gott durch Sie und durch Ihren priesterlichen Dienst an diesem Ort, wo den Gläubigen aus der ganzen Welt reichhaltig Mittel der Erlösung dargeboten werden, gepriesen sein. Ich bin überzeugt, dass Ihr Kommen und Ihr Aufenthalt an diesem bekannten Ort des Gebetes wahrlich eine geistige Erneuerung sein wird. Ich glaube, dass Sie hier am besten erfahren können, wie sehr die Gläubigen dieser unserer modernen Welt Priester bedürfen – Verkünder der Geheimnisse Gottes. Deshalb traue ich mich auch, Sie auf diese Art zu bitten, mit der Kraft Ihres priesterlichen Dienstes und mit der Vollmacht der Kirche, die Sie haben, Verkünder der Barmherzigkeit Christi und seiner Liebe zu uns Menschen zu sein. Damit Ihr Aufenthalt in unserer Mitte so angenehm und fruchtbar wie möglich wird, möchte ich entsprechende Richtlinien und Weisungen an Sie weitergeben. Aufrichtig bitte ich Sie, diese aufmerksam zu lesen und ihnen zu folgen:
Wir bitten Sie, dass Sie sich vollkommen an die vorgegebenen Regeln halten: das Gesetzbuch des Kanonischen Rechts (CIC), die allgemeinen liturgischen Vorschriften und die Verordnungen und Vorschriften, die von Seiten der maßgebenden kirchlichen Obrigkeiten für das priesterliche Leben und seine Arbeit gegeben sind.
Damit Sie am liturgischen Leben der Pfarrei teilnehmen können, bedarf es, übereinstimmend mit den kirchlichen Vorschriften, des Zele-

brets Ihres Ordinariats oder Ihres Oberhaupts, das nicht älter als ein Jahr ist (vgl. CIC, can. 903). Wir bitten Sie, Ihre liturgische Kleidung (Alba und Stola) mitzubringen. Das Feiern der Eucharistie ist nach den Liturgischen Rubriken ohne liturgische Kleidung, nicht erlaubt. (vgl. CIC, can. 929).

Wenn Sie die erforderlichen Befugnisse besitzen, haben Sie die Möglichkeit, bei der heiligen Messe in Ihrer Muttersprache oder in einer anderen Sprache, die Sie verstehen, zu den Zeiten, wo diese nach dem Tagesplan vorgesehen sind, teilzunehmen. Wenn Sie aber zelebrieren oder die Homelie halten möchten, melden Sie sich bitte bei den Mitarbeitern, die von der Pfarrei dafür beauftragt sind. Halten Sie sich bei der Homelie an die kirchlichen Weisungen, achten Sie dabei auf die nationalen, kulturellen und anderen Unterschiede der Pilger, die Ihnen zuhören.

Die Feier der heiligen Messe ist nur an geweihten und dafür genehmigten Orten erlaubt. Durch die Entscheidung des Ortsbischofs ist es ausdrücklich verboten, die heilige Messe in Pensionen, in privaten Häusern, in denen Sie sich aufhalten, auf den Bergen, in irgendeiner Gemeinschaft oder Kapelle die sich auf dem Gebiet der Pfarrei Medjugorje befindet, zu zelebrieren (vgl. Bischöfliches Ordinariat Mostar Nr. 525/99). Für weitere Erklärungen oder Informationen können Sie sich an das Informationsbüro wenden. Der Mittelpunkt des liturgischen Tages ist das Gebetsprogramm am Abend. Wenn Sie die oben aufgeführten Bedingungen erfüllen, sind Sie eingeladen, bei der Abendmesse zu konzelebrieren.

Bitte tragen Sie sich vor der heiligen Messe in das Evidenzbuch ein, das sich in der Sakristei der Pfarrkirche befindet (Name, Nachname und der Name des Staats, aus dem Sie kommen).
All Ihre Messintentionen obliegen Ihrem Entschluss.

Wenn Sie übereinstimmend mit den Verordnungen des Kanonischen Rechts die Befugnis zum Beichtehören haben, bitten wir Sie, in Ihrer Muttersprache oder einer Sprache, die Sie sonst noch sprechen, den Pilgern zur Beichte zur Verfügung zu stehen.
Wir bitten Sie, bei dem Sakrament der Beichte vorschriftsmäßig angezogen zu sein (Alba und Stola).
Bitte hören Sie keine Beichte außerhalb des Beichtbereichs, außer es gibt dafür einen gerechtfertigten Grund (vgl. CIC, can. 964).
Mit Ihrer Pilgergruppe können Sie Gebetstreffen an den dafür geeigneten Orten organisieren (Erscheinungsberg, Kreuzberg, der Platz beim Auferstandenen ...), achten Sie darauf, dass Sie dabei die anderen Pilger nicht stören.
Während der Zeit des gemeinsamen Abendprogramms in der Pfarrkirche ist es nicht erlaubt, irgendein anderes Gebetsprogramm auf dem Gebiet der Pfarrei Medjugorje zu organisieren.
Für Begegnungen und Vorträge mit Pilgern im Kirchenbereich haben nur Priester, die nach kanonischer Mission in der Pfarrei sind, die Erlaubnis. Alle anderen sind verpflichtet, diese Erlaubnis vom Pfarrer zu erbitten.
Ohne die Erlaubnisse des Pfarrers, ist es auf dem Gebiet der Pfarrei nicht erlaubt, „Gebete um Heilung" und „Gebete über andere Personen", zu organisieren. Wenn Sie die Erlaubnis erhalten haben, sind Sie verpflichtet, sich streng an die kirchlichen Verordnungen zu halten.
Für all Ihre priesterlichen Bedürfnisse möchten wir Ihnen, sosehr es uns möglich ist, zur Verfügung stehen.

Ihre Pfarrei von Medjugorje

Quellennachweis

Fotografien und Bildrechte: Rudolf Baier, 86316 Friedberg;

Bild Seite 21: Johannes Paul II, gemalt von Petar Jeklic, Hotel Villa Regina, Medjugorje;

Bild Seite 26: Informationszentrum MIR;

Bilder Seite 23, 34, 53 und 70: Photo Dani, Medjugorje;

Texte Seite 6, 8 und 9: Medjugorje Deutschland e.V., Beuren;

Gebetsprogramm und Hinweise für die Priester sind den Veröffentlichungen des Informationszentrums MIR in Medjugorje entnommen.